# SHELL

## Sammelmünzen/Medaillen

BoD - Books on Demand
Norderstedt

**Bibliografische Information durch die Deutsche Nationalbibliothek**
**Die Deutsche Nationalbibliothek verzeichnet diese Publikation in der**
**Deutschen Nationalbibliografie; detaillierte bibliografische Daten**
**sind im Internet über http://dnb.dnb.de abrufbar.**

© Bücher von A bis Z

**Herstellung und Verlag:**
**BoD – Books on Demand, Norderstedt**
**ISBN** 9-78375-6-20483-0

Vorwort:

Es geht in diesem Buch wieder um SHELL-SAMMELMÜNZEN. Im letzten Buch wurde die Serie DIE EROBERUNG DES HIMMELS gezeigt, jetzt sind die Fußballspieler an der Reihe. Sammelmünzen, so nannte man sie 1969. Eigentlich sind es Medaillen, aber SHELL nannte sie nun einmal Münzen, also bleiben wir dabei. Wer mindestens 15 Liter Sprit getankt hat, bekam eine Sammelmünze. Sammelkarten waren für 50 Pfennig erhältlich. In Deutschland begann diese

Sammelleidenschaft im Jahr 1969, in anderen Ländern früher. Fritz Walter stellte insgesamt 20 Spieler vor. Bei mir begann das Sammeln der Shell Münzen, als ich eine Münze von Gerd Müller in der Hand hielt. Dazu am 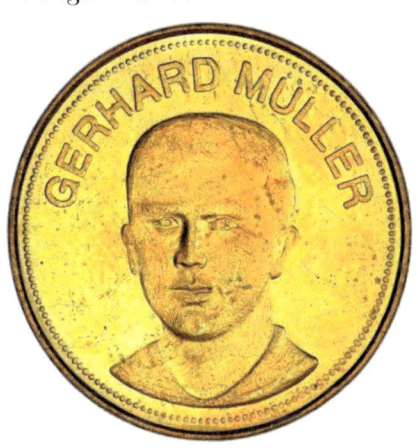 Ende des Buches mehr. Meine erste Sammelkarte bekam ich nicht an der Tankstelle, sondern beim Besuch meiner Großeltern direkt in Unna Königsborn beim Hersteller Bergmann. Heinz Bergmann gründete 1964 den BERGMANN-VERLAG in Dortmund. 1967 wurde der Unternehmenssitz nach Unna. Der Verlag vertrieb Kinderbücher und Bundesliga Postkarten. Ständig wurde die Produktpalette erweitert.

SAMMELBILD

Nr. 92

GERHARD MÜLLER

Zum großen Bildband

**FUSSBALL 1966/67**

Bundesliga

Europapokal

Weltmeisterschaft

BERGMANN-VERLAG GmbH. & Co. KG

Fußballbild-Vertrieb

475 Unna-Königsborn

Auch die Shell Sammelkarten wurden von Bergmann übernommen. Nach dem Umzug an Bergmanns Wohnort, Unna Königsborn, wuchs der Verlag weiter, u.a. auf 12 Beschäftigte. Dieses Buch ist nur wenige Hundert Meter vom Haus Bergmann geschrieben.

Fritz Walter wählte die ersten Fußballspieler aus. Extra-Münzen konnten von uns Fußballfans eingereicht werden. Trotzdem begann die Serie mit nur 15 Fußballspielern. Dazu zählten Klaus Gerwien und Herbert Wimmer. Diese beiden Münzen sind heute kaum zu bekommen.

Die Sammelkarte mit allen 20 Spielen hat es nicht gegeben. Nach Reinhard Libuda hat es auch keine weitere Extra-Münze gegeben.

Original versiegelte Münzen mit 17 und mit 18 Spielern:

Es war für mich ein Überraschungsgefühl, welche Münze in den Tütchen gewesen ist:

Sammelkarte mit den Spielern Wimmer und Gerwien.

# Traum-Elf 1969

Dies sind die 15 Anwärter für Ihre Traum-Elf – Hinter dem Namen und dem Geburtstag des Spielers finden Sie den Namen seines Vereins. Und die dritte Zeile sagt Ihnen, wann der Spieler zum erstenmal in der Nationalmannschaft gestanden hat, und wie der Gegner in diesem Spiel hieß.

1. **Franz Beckenbauer** geb. 11.9.45
   Bayern München
   26.9.65 gegen Schweden

2. **Bernd Dörfel** geb. 18.12.44
   Eintracht Braunschweig
   19.11.66 gegen Norwegen

3. **Klaus Fichtel** geb. 19.11.44
   Schalke 04
   22.2.67 gegen Marokko

4. **Klaus Gerwien** geb. 11.9.40
   Eintracht Braunschweig
   29.12.63 gegen Marokko

5. **Sigi Held** geb. 7.8.42
   Borussia Dortmund
   23.2.66 gegen England

6. **Horst-Dieter Höttges** geb. 10.9.43
   Werder Bremen
   13.3.65 gegen Italien

7. **Sepp Maier** geb. 28.2.44
   Bayern München
   4.5.66 gegen Irland

8. **Gerhard Müller** geb. 3.11.45
   Bayern München
   12.10.66 gegen Türkei

9. **Günter Netzer** geb. 14.9.44
   Borussia Mönchengladbach
   9.10.65 gegen Österreich

10. **Wolfgang Overath** geb. 29.9.43
    1.FC Köln
    28.9.63 gegen Türkei

11. **Willi Schulz** geb. 4.10.38
    Hamburger SV
    20.12.59 gegen Jugoslawien

12. **Berti Vogts** geb. 30.12.46
    Borussia Mönchengladbach
    3.5.67 gegen Jugoslawien

13. **Wolfgang Weber** geb. 26.6.44
    1.FC Köln
    29.4.64 gegen Tschechoslowakei

14. **Herbert Wimmer** geb. 9.11.44
    Borussia Mönchengladbach
    23.11.68 gegen Zypern

15. **Horst Wolter** geb. 8.6.42
    Eintracht Braunschweig
    22.2.67 gegen Marokko

Die Abbildungen und Namen dieser Spieler finden Sie auf 15 attraktiven Münzen. Jedesmal, wenn Sie bei Shell 15 Liter und mehr tanken, erhalten Sie pro Besuch eine Münze, solange die Aktion „Traum-Elf 1969" läuft.

Sammelkarte für das traditionelle Spielsystem.

Sammelkarte für das 4 – 2 – 4 - System.

Rechte für Spielerabbildungen : Bergmann-Verlag, Unna.

# Traum-Elf 69

Dies sind die 17 Anwärter für Ihre Traum-Elf – Hinter dem Namen und dem Geburtstag des Spielers finden Sie den Namen seines Vereins. Und die dritte Zeile sagt Ihnen, wann der Spieler zum erstenmal in der Nationalmannschaft gestanden hat und wie der Gegner in diesem Spiel hieß.

1. **Franz Beckenbauer** geb. 11.9.45
Bayern München
26.9.65 gegen Schweden

2. **Bernd Dörfel** geb. 18.12.44
Eintracht Braunschweig
19.11.66 gegen Norwegen

3. **Klaus Fichtel** geb. 19.11.44
Schalke 04
22.2.67 gegen Marokko

4. **Helmut Haller** geb. 21.7.39
Juventus Turin
24.9.58 gegen Dänemark

5. **Sigi Held** geb. 7.8.42
Borussia Dortmund
23.2.66 gegen England

6. **Horst-Dieter Höttges** geb. 10.9.43
Werder Bremen
13.3.65 gegen Italien

7. **Sepp Maier** geb. 28.2.44
Bayern München
4.5.66 gegen Irland

8. **Gerhard Müller** geb. 3.11.45
Bayern München
12.10.66 gegen Türkei

9. **Günter Netzer** geb. 14.9.44
Borussia Mönchengladbach
9.10.65 gegen Österreich

10. **Wolfgang Overath** geb. 29.9.43
1. FC Köln
28.9.63 gegen Türkei

11. **Bernd Patzke** geb. 14.3.43
Hertha BSC
13.3.65 gegen Italien

12. **Karl-Heinz Schnellinger** geb. 31.3.39
AC Mailand
2.4.58 gegen Tschechoslowakei

13. **Willi Schulz** geb. 4.10.38
Hamburger SV
20.12.59 gegen Jugoslawien

14. **Uwe Seeler** geb. 5.11.36
Hamburger SV
16.10.54 gegen Frankreich

15. **Berti Vogts** geb. 30.12.46
Borussia Mönchengladbach
3.5.67 gegen Jugoslawien

16. **Wolfgang Weber** geb. 26.6.44
1. FC Köln
29.4.64 gegen Tschechoslowakei

17. **Horst Wolter** geb. 8.6.42
Eintracht Braunschweig
22.2.67 gegen Marokko

Die Abbildungen und Namen dieser Spieler finden Sie auf 17 attraktiven Münzen. Jedesmal, wenn Sie bei Shell 15 Liter und mehr tanken, erhalten Sie pro Besuch eine Münze, solange die Aktion „Traum-Elf 69" läuft.

### 2 Spielsysteme - 2 Sammelkarten

Im modernen Fußball hat sich neben dem traditionellen Spielsystem (1 Torwart, 2 Verteidiger, 3 Läufer, 5 Stürmer) auch das sogenannte „4-2-4-System" (1 Torwart, 4 Abwehrspieler, 2 Mittelfeldspieler, 4 Stürmer) bewährt. Darum gibt es 2 Sammelkarten, auf denen Sie Ihre Traum-Elf 69 komplettieren können:

Sammelkarte für das traditionelle Spielsystem

Sammelkarte für das 4-2-4-System

18. „Stan" Libuda 19. Klaus Gerwien 20. Herbert Wimmer

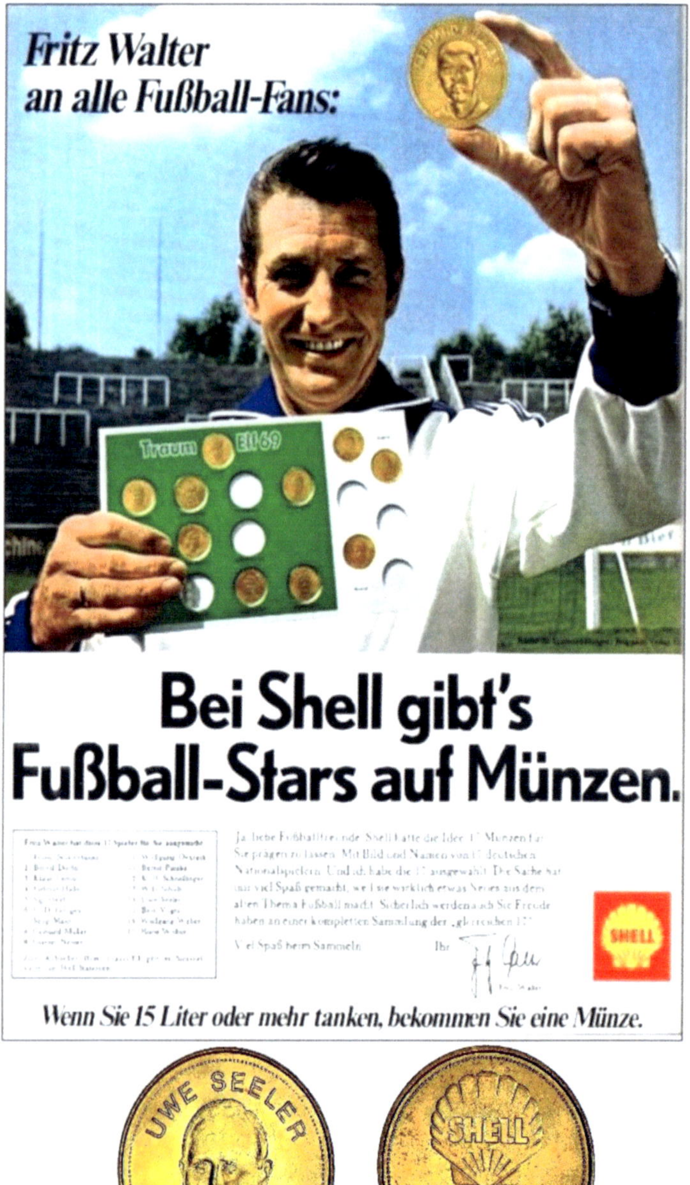
Fritz Walter
an alle Fußball-Fans:
Traum Elf 69
Bei Shell gibt's
Fußball-Stars auf Münzen.
SHELL
Wenn Sie 15 Liter oder mehr tanken, bekommen Sie eine Münze.

UWE SEELER
SHELL
TRAUM-ELF
1969

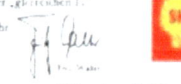

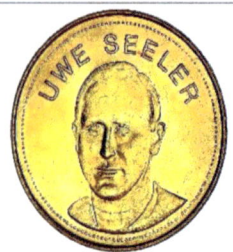

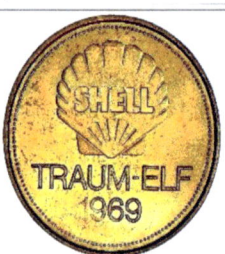

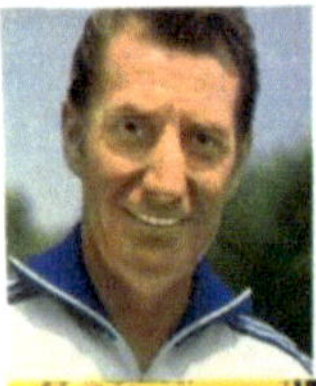

## Fritz Walter:
# "Hier ist sie, meine Traum-Elf 69!"

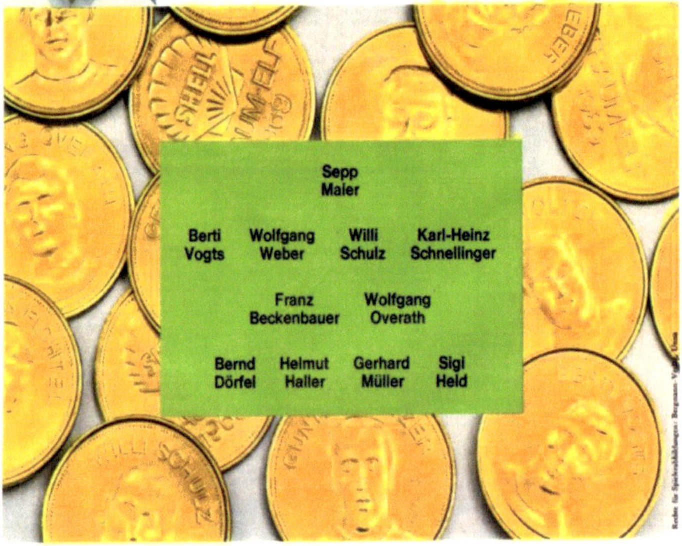

**Sepp Maier**

**Berti Vogts** **Wolfgang Weber** **Willi Schulz** **Karl-Heinz Schnellinger**

**Franz Beckenbauer** **Wolfgang Overath**

**Bernd Dörfel** **Helmut Haller** **Gerhard Müller** **Sigi Held**

**Liebe Fußballfreunde,**

so eine Traum-Elf aufzustellen ist wirklich eine heikle Sache. Alle 17 Münz-Stars sind im Durchschnitt so gut, daß man sich gar nicht so recht entscheiden mag. Wenigstens nicht vom grünen Tisch aus. Denn das Wichtigste bei einer Mannschaftsaufstellung ist die Tagesform der einzelnen Kandidaten. Und die könnte ich ja nicht berücksichtigen.

Deshalb sehen Sie meine Traum-Elf bitte nur als eine Möglichkeit. Und vielleicht auch als Anregung für Ihre eigene Münz-Elf. Ist sie schon komplett?

Weiterhin viel Spaß Ihr

*Fritz Walter*

## Wenn Sie 15 Liter oder mehr tanken, bekommen Sie eine Münze.

Franz Anton Beckenbauer (* 11. September 1945 in München) ist ein ehemaliger deutscher Fußballspieler, -trainer und -funktionär. Er war von 1994 bis 2009 Präsident des FC Bayern München, seit 2009 ist er Ehrenpräsident. Zudem war er Präsident des Organisationskomitees der Fußball-Weltmeisterschaft 2006 und Aufsichtsratsvorsitzender der FC Bayern München AG. Von 1998 bis 2010 gehörte er als einer der DFB-Vizepräsidenten dem DFB-Präsidium an und war von 2007 bis 2011 Mitglied des FIFA-Exekutivkomitees.

Die größten sportlichen Erfolge Beckenbauers waren die Gewinne der Fußball-Weltmeisterschaft 1974 als Mannschaftskapitän und der WM 1990 als Teamchef. Er ist neben Mário Zagallo und Didier Deschamps einer von nur drei Fußballern, die als Spieler, sowie als Teamchef Weltmeister werden konnten.

In der Nationalmannschaft war er zudem Kapitän der Mannschaften, die 1972 den Europameistertitel errang und 1976 Vizeeuropameister wurde.

Von 1964 bis 1983 spielte er als Profifußballer überwiegend beim FC Bayern München und hatte den Ruf eines internationalen Ausnahmesportlers. Nach seiner aktiven Karriere als Fußballer war er als Teamchef und Sportfunktionär, Werbeträger, Geschäftsmann und Kolumnist bei der BILD-Zeitung, sowie als TV-Experte beim Privatsender Sky tätig. Einige dieser Tätigkeiten beendete Franz Beckenbauer 2016 aus Altersgründen.

Im Alter von 18 Jahren debütierte Beckenbauer in der ersten Mannschaft des FC Bayern am 1. Spieltag der Aufstiegsrunde zur Bundesliga (6. Juni 1964) gegen den FC St. Pauli. Das Spiel endete 4:0, und Beckenbauer erzielte dabei sein erstes Pflichtspieltor.

Als Linksaußen oder im Mittelfeld spielte er in seiner ersten Saison in der Regionalliga Süd 1964/65, ab dem 8. Spieltag in der Stammformation des FC Bayern. Ab der Regionalliga Süd spielte er zusammen mit Sepp Maier und Gerd Müller, mit denen er in den Folgejahren den deutschen Fußball bestimmte.

1969 gewann Beckenbauer erstmals die deutsche Meisterschaft mit dem FC Bayern. Dieser Titel war die zweite Meisterschaft in der Geschichte des FC Bayern München nach 1932. Im selben Jahr gewann er mit der Mannschaft auch den DFB-Pokal und damit das Double. Dies war zuvor nur dem FC Schalke 04 1937 gelungen.

In dieser Zeit wechselte Beckenbauer von der Position des Mittelfeldspielers auf den Liberoposten, wobei er diese Position sehr offensiv ausübte und sich oft in das Angriffsspiel seines Teams mit einbrachte. Insbesondere die Doppelpässe mit Gerd Müller sorgten immer wieder für Verwirrung in der gegnerischen Abwehr. Zudem öffnete er durch lange Pässe das Spiel, wobei er das Außenristspiel perfektionierte.

Von 1972 bis 1974 gelangen dem FC Bayern mit Beckenbauer drei Meistertitel in Folge. 1974 war Beckenbauers erfolgreichstes Jahr. Zunächst konnte am 33. Bundesliga-Spieltag der Meistertitel gesichert werden, dann gewann er mit dem FC Bayern den Europapokal der Landesmeister. Zudem wurde er mit der Nationalmannschaft Weltmeister im eigenen Land.

1975 und 1976 verteidigte er mit den Bayern den Europapokal der Landesmeister und gewann 1976 den Weltpokal.

**Weltmeister Deutschland**
v.l.n.r. Beckenbauer, Maier, Schwarzenbeck, Bonhof, Hölzenbein, Grabowski, Müller, Overath, Vogts, Breitner, Höness.

BERGMANN Sammelbild Fußball WM 1974

Bernd Dörfel (* 18. Dezember 1944 in Büsum) ist ein ehemaliger deutscher Fußballspieler. Der zumeist am rechten Flügel angreifende Stürmer absolvierte von 1964 bis 1970 in der Fußball-Bundesliga für die Vereine Hamburger SV und Eintracht Braunschweig insgesamt 139 Ligaspiele, in denen er 21 Tore erzielte. Von 1970 bis 1973 kamen in der Schweiz bei Servette Genf in der Nationalliga A weitere 60 Spiele mit 32 Toren hinzu, wobei Dörfel in der Saison 1971/72 mit 17 Treffern Torschützenkönig wurde. In der Fußball-Nationalmannschaft absolvierte er von 1966 bis 1969 15 Länderspiele und erzielte zwei Tore.

Nachdem Bernd Dörfel schon 1964 viermal in der Amateurnationalmannschaft gespielt hatte und am 12. Oktober 1966 erfolgreich in der Juniorennationalmannschaft U 23 beim Länderspiel gegen die Türkei (3:0) agiert hatte, absolvierte er als

Rechtsaußen zwischen dem 19. November 1966 (3:0 in Köln gegen Norwegen) und 24. September 1969 (1:0 in Sofia gegen Bulgarien) 15 Länderspiele für die deutsche A-Nationalmannschaft und erzielte dabei zwei Treffer. Er war wesentlich beteiligt an der Qualifikation für die Weltmeisterschaft 1970 in Mexiko. Eine Formschwäche im Laufe der Saison 1969/70 verhinderte jedoch seine Berufung in den 1970er-WM-Kader.

Leistungsentwicklung hatte ihn zuerst am 12. Oktober 1966 zu einem Einsatz in der Juniorennationalmannschaft U 23 und am 19. November 1966 in Köln bei einem 3:0 gegen Norwegen, zum Debüt in der A-Nationalmannschaft geführt. Im DFB-Pokal konnten die Rautenträger dagegen mit Erfolgen gegen Altona 93 (6:0), 1. FC Köln, Kickers Offenbach und am 6. Mai 1967 im Halbfinale mit einem 3:1 Heimerfolg gegen Alemannia Aachen etwas für ihren Ruf tun, sie zogen in das Finale am 10. Juni 1967 in Stuttgart gegen den FC Bayern München ein. Aber trotz der drei Spitzen Bernd Dörfel, Uwe Seeler und Gert Dörfel wurden dem HSV mit 4:0 Toren klar die Grenzen von dem siegreichen Team um Franz Beckenbauer aufgezeigt. Der HSV zog aber trotz der deutlichen Niederlage durch den Europapokalerfolg der Bayern zur nächsten Runde in den Europa-Cup ein.

Klaus „Tanne" Fichtel (* 19. November 1944 in
Castrop-Rauxel) ist ein ehemaliger deutscher
Fußballspieler, der in den Jahren 1967 bis 1971 für die
deutsche Fußballnationalmannschaft 23 Länderspiele
bestritten und dabei ein Tor erzielt hat. Mit 43 Jahren,
sechs Monaten und zwei Tagen zum Zeitpunkt seines
letzten Einsatzes am 21. Mai 1988 ist er seitdem der
Spieler in der Bundesliga, der den Altersrekord für
aktive Spieler hält. Er war knapp vier Jahre lang
Rekordbundesligaspieler, ehe er 1989 von Manfred Kaltz
übertroffen wurde.

Erstmals in eine DFB-Mannschaft berufen wurde das
Abwehrtalent von Schalke am 12. Oktober 1966 in
Saarbrücken beim Juniorenländerspiel gegen die Türkei.
Die deutschen Junioren gewannen mit der Läuferreihe
Rudi Assauer, Fichtel und Jürgen Friedrich das Spiel mit
3:0 Toren. Bundestrainer Helmut Schön testete beim A-

Länderspiel am 22. Februar 1967 im Karlsruher Wildparkstadion gegen Marokko mit Jupp Heynckes, Hannes Löhr, Horst Wolter, Klaus Zaczyk und Fichtel gleich fünf Debütanten. Mit der Läuferreihe Franz Beckenbauer, Willi Schulz und Fichtel wurde das Spiel mit 5:1 Toren gewonnen. Die dritte Berufung in die deutsche Länderelf erfolgte am 3. Mai 1967 in Belgrad beim EM-Qualifikationsspiel gegen Jugoslawien. Bei der 0:1-Niederlage debütierte in der Verteidigung Berti Vogts. Im Juni 1968 bildeten Ludwig Müller, Fichtel und Wolfgang Weber bei den zwei historischen Erfolgen gegen England und Brasilien die leistungsstarke Läuferreihe der Nationalmannschaft. Am 1. Juni gab es einen 1:0-Erfolg in Hannover gegen England und am 16. Juni in Stuttgart gegen Brasilien einen 2:1-Sieg. Der bewegliche, kopfball- und zweikampfstarke Schalker war daneben noch mit einer soliden Technik und einem guten Antritt ausgestattet, sodass seine Übersicht in der Abwehrorganisation voll zum Tragen kommen konnte. Zwei Tage nach dem ersten Sieg in der Länderspielgeschichte gegen England, am 1. Juni 1968, stand Fichtel zusätzlich in Kassel am 3. Juni den Junioren der Engländer als deutscher Abwehrchef gegenüber. Im Auestadion setzten sich aber die Briten mit 1:0 durch. Es war sein dritter Einsatz in der Juniorennationalmannschaft. Beim entscheidenden WM-Qualifikationsspiel am 22. Oktober 1969 in Hamburg gegen Schottland erzielte „Tanne" in der 38. Spielminute den 1:1-Ausgleichstreffer und Vereinskollege Reinhard Libuda gelang in der 79. Spielminute nach einem Alleingang der Siegtreffer zum

3:2-Erfolg der deutschen Mannschaft. Vor 72.000 Zuschauern zeigten die Schotten mit Billy Bremner, Tommy Gemmell, Alan Gilzean und Jimmy Johnstone eine ausgezeichnete Leistung und verlangten der Mannschaft von Bundestrainer Helmut Schön alles ab. Es war der zwölfte Länderspieleinsatz von Fichtel. Bei der Fußballweltmeisterschaft 1970 in Mexiko bestritt Fichtel die fünf Spiele gegen Marokko, Bulgarien, Peru, England und das siegreiche Spiel um den dritten Platz gegen Uruguay. Von der Dramatik war dabei der 3:2-Erfolg nach Verlängerung gegen Titelverteidiger England am 14. Juni in Leon herausragend. In der Qualifikation zur Fußball-Europameisterschaft 1972 kam er am 17. Oktober 1970 in Köln gegen die Türkei und den zwei Begegnungen gegen Polen im Oktober und November 1971 zum Einsatz. Durch die Verstrickung von Schalke 04 in den „Bundesliga-Skandal" war das 23. Länderspiel am 17. November 1971 in Hamburg gegen Polen die letzte Berufung von Klaus Fichtel in die Fußballnationalmannschaft. Durch den DFB-Bann gehörte er nicht mehr den siegreichen Mannschaften der Europameisterschaft 1972 und der Weltmeisterschaft 1974 an.

Helmut Haller (* 21. Juli 1939 in Augsburg; † 11.
Oktober 2012) war ein deutscher Fußballspieler. Der
Halbstürmer beziehungsweise Mittelfeldspieler kam in
der deutschen Fußballnationalmannschaft von 1958 bis
1970 in 33 Länderspielen zum Einsatz und erzielte dabei
13 Tore. Der aus dem BC Augsburg hervorgegangene
Edeltechniker spielte von 1957 bis 1962 mit dem BCA
85 Ligaspiele in der damals erstklassigen Fußball-
Oberliga Süd (24 Tore), ehe er Profifußballer beim FC
Bologna (1962–68) und Juventus Turin (1968–73) wurde
und danach wieder nach Augsburg zurückkehrte. Er
wurde dreimal in den Jahren 1964 (Bologna) sowie 1972
und 1973 (Turin) italienischer Meister. Mit der
Nationalmannschaft nahm der international gefeierte Star
an den drei Weltmeisterschaften 1962, 1966 und 1970
teil.

Helmut Haller spielte von 1958 bis 1970 in der deutschen Fußballnationalmannschaft und erzielte in 33 Länderspielen 13 Treffer.

Am 24. September 1958 debütierte Haller in der A-Nationalmannschaft, die in Kopenhagen ein 1:1-Unentschieden gegen die Auswahl Dänemarks erzielte. Sein erstes von 13 Länderspieltoren erzielte er am 23. März 1960 in Stuttgart beim 2:1-Sieg im Test-Länderspiel gegen die Auswahl Chiles mit dem Treffer zum zwischenzeitlichen 1:1 in der 72. Minute.

1966 in England erzielte Haller sechs WM-Tore und belegte hinter Eusébio (Portugal) den zweiten Platz der Torjägerliste. Am 3. Juni 1970 wurde er im ersten Gruppenspiel der Weltmeisterschaft in Mexiko, beim 2:1-Sieg über die Auswahl Marokkos letztmals als Nationalspieler eingesetzt.

Neben Einsätzen in der deutschen Nationalmannschaft spielte Haller im November 1962 auch für eine italienische Liga-Auswahl in einem Spiel gegen Schottland. Beim 4:3-Erfolg im Olympiastadion Rom glänzte er als Torschütze zum 2:0-Zwischenstand und war einer von fünf ausländischen Spielern neben dem Schweden Kurt Hamrin, der das Tor zum Endstand erzielte.

Sigfried Held (* 7. August 1942 in Freudenthal), auch Sigi oder Siggi Held genannt, ist ein ehemaliger deutscher Fußballspieler und -trainer. Von 1965 bis 1981 hat der Offensivspieler bei den Vereinen Kickers Offenbach, Borussia Dortmund, Preußen Münster und Bayer 05 Uerdingen insgesamt 422 Spiele in der Fußball-Bundesliga absolviert und dabei 72 Treffer erzielt. In diesen 18 Runden Aktivität in der 1. und 2. Liga des deutschen Spitzenfußballs kamen noch 49 Einsätze (4 Tore) in der 2. Bundesliga, 99 Regionalligaspiele (31 Tore), 47 Spiele um den DFB-Pokal (8 Tore) und elf Einsätze im Europapokal der Pokalsieger (4 Tore) hinzu. Im Vereinsdress war der Gewinn des Europapokals 1966 der größte Erfolg des laufstarken Dribblers und Flankengebers am linken Flügel.

Mit der Fußballnationalmannschaft hat Held 1966 und 1970 zwei erfolgreiche Weltmeisterschaftsturniere bestritten und von 1966 bis 1973 im Team von Bundestrainer Helmut Schön 41 Länderspiele mit fünf Toren absolviert. Als Trainer hat er mit dem FC Schalke 04 und Dynamo Dresden in der Bundesliga gearbeitet, mit FC Admira Wacker Mödling in der österreichischen Bundesliga und er war zudem noch Nationaltrainer in Island, Malta und Thailand.

Als Nationalspieler absolvierte Held von 1966 bis 1973 41 Spiele und traf dabei fünfmal für Deutschland. Sein Debüt gab er am 23. Februar 1966 in London bei der 0:1-Niederlage gegen England. Er bildete dabei mit Werner Krämer, Franz Beckenbauer, Günter Netzer und Heinz Hornig den Angriff der Mannschaft von Bundestrainer Helmut Schön. Bei der WM 1966 wurde er Vizeweltmeister, 1970 Dritter. Mit der gesamten Nationalmannschaft wurde er als Vizeweltmeister 1966 mit dem Silbernen Lorbeerblatt ausgezeichnet. Bei der Weltmeisterschaft in England hatte der Dortmunder alle sechs Spiele mit der deutschen Nationalmannschaft bestritten; im Turnier 1970 in Mexico kam er auf drei Einsätze, da dem Bundestrainer mit Reinhard Libuda, Jürgen Grabowski, Johannes Löhr und Held vier starke Flügelstürmer zur Verfügung gestanden hatten. Darunter war auch die als „Jahrhundertspiel" in die Geschichte eingegangene Partie gegen Italien.

Bei dem 3:1-Sieg am 29. April 1972 in England, dem Viertelfinale zur Europameisterschaft 1972, stand Held als Spieler aus der zweitklassigen Regionalliga Süd in der „Wembley-Elf". Bei den EM-Finalspielen in Belgien stand er nicht im Team; in der Zeit vom 22. Mai bis 25. Juni 1972 wurde in Deutschland die Bundesliga-Aufstiegsrunde ausgetragen, während zeitgleich (am 14. und 18. Juni) die Finalspiele in Belgien stattfanden. In Absprache mit Bundestrainer Helmut Schön spielte Held für seinen Verein Kickers Offenbach und schaffte die Rückkehr mit dem OFC in die Bundesliga. An seiner Stelle stürmte Erwin Kremers vom FC Schalke 04 am linken Flügel des DFB-Teams.

In der Hinrunde der WM-Saison 1973/74 stürmte Held am 14. November 1973 in Glasgow, bei einem 1:1 gegen Schottland, zum letzten Mal in der Nationalmannschaft. Er vertrat als Mittelstürmer den verletzten Gerd Müller. Anfang Mai 1974 stand er noch im 40er-Aufgebot, welches der FIFA gemeldet wurde, zu dem ab 29. Mai beginnenden WM-Abschlusslehrgang in Malente wurde er aber nicht mehr eingeladen und nahm somit auch nicht an seinem dritten Weltmeisterschaftsturnier 1974 in Deutschland teil. Der Bundestrainer setzte jetzt auf Jupp Heynckes, Bernd Hölzenbein und Dieter Herzog.

Horst-Dieter Höttges (* 10. September 1943 in
München Gladbach, heute Mönchengladbach) ist ein
ehemaliger deutscher Fußballspieler.

Höttges debütierte am 27. November 1963 in der U-23-
Nationalmannschaft, die in Liverpool mit 1:4 gegen die
Auswahlmannschaft Englands verlor. Danach spielte er
noch zweimal in dieser Auswahlmannschaft, am 4. März
1964 in Ankara bei der 1:2-Niederlage gegen die
Auswahl der Türkei und am 29. April 1964 in Karlsbad
beim 1:0-Sieg gegen die Auswahl der Tschechoslowakei.
Mit einem Zeitunterschied von neun Jahren bestritt er
auch zwei Länderspiele für die B-Nationalmannschaft.
Sein Debüt für diese gab er am 1. September 1965 in
Köln beim 3:0-Sieg gegen die Auswahl der Sowjetunion,
seinen letzten Einsatz hatte er am 22. Juni 1974 in
Hamburg bei der 0:1-Niederlage gegen die Auswahl der
DDR.

In der A-Nationalmannschaft kam er als schneller, zweikampfstarker und einsatzfreudiger, allerdings technisch limitierter Außenverteidiger auf 66 Einsätze zwischen 1965 und 1974 und schoss dabei einen Treffer (beim 12:0 gegen Zypern am 21. Mai 1969).

Höttges nahm an drei Weltmeisterschaften teil und wurde mit der Nationalmannschaft bei der WM 1966 in England Vize-Weltmeister, bei der WM 1970 in Mexiko Dritter, bei der WM 1974 in der Bundesrepublik Deutschland Weltmeister und 1972 Europameister.

Höttges spielte noch mehrere Jahre in der Uwe-Seeler-Traditionself. Er ist nach wie vor eng mit dem SV Werder Bremen verbunden und häufig Gast bei den Heimspielen im Weserstadion. Er war Betreuer der U15-Mannschaft des SV Werder.[

Titel und Erfolge

Weltmeister 1974

Vize-Weltmeister 1966

Europameister 1972

Deutscher Meister 1965

Silbernes Lorbeerblatt

Josef Dieter „Sepp" Maier (* 28. Februar 1944 in
Metten, Niederbayern) ist ein ehemaliger deutscher
Fußballtorhüter und Torwarttrainer. Er ist mit 661
Pflichtspielen vor Oliver Kahn Rekordspieler des FC
Bayern München, für den er 17 Jahre lang spielte. In
seiner aktiven Zeit zählte er zu den besten Torhütern der
Welt und trug den Spitznamen „Die Katze von Anzing".
Er gewann alle wichtigen nationalen und internationalen
Titel: Er war Weltmeister, Europameister und Deutscher
Meister, außerdem gewann er den Europapokal der
Pokalsieger und den der Landesmeister, den Weltpokal
sowie den DFB-Pokal.

Nachdem er bereits 1961 im Tor der DFB-
Jugendauswahl unter dem Trainer Helmut Schön
gestanden hatte, bestritt er 1966 sein erstes Spiel in der
Nationalmannschaft. Maier debütierte am 4. Mai beim
4:0-Sieg gegen Irland in Dublin. Außerdem gehörte er

zum Aufgebot für die WM-Endrunde 1966 in England, kam dort jedoch als Ersatzmann von Hans Tilkowski nicht zum Einsatz. 1969 setzte er sich als Nr. 1 im deutschen Tor durch. Bei der anschließenden WM in Mexiko 1970 schied er mit der deutschen Nationalmannschaft erst im Halbfinale aus. Die Niederlage im Jahrhundertspiel gegen Italien bezeichnete er als seine größte Niederlage. Bei der EM 1972 in Belgien gewann er seinen ersten Titel mit der deutschen Nationalmannschaft.

Sein größter Erfolg gelang bei der WM 1974 im eigenen Land. Bereits bei der Wasserschlacht von Frankfurt machte er sein bestes Länderspiel. Gegen die starken Polen parierte er mehrmals glänzend und sicherte dadurch den Finaleinzug. Diese Leistung bestätigte er im Finale. Vor allem in der zweiten Halbzeit drehten die Niederländer auf. „Maier! Immer wieder Maier", schrie der TV-Kommentator Rudi Michel, nachdem Maier mehrmals Weltklasse pariert hatte. Am Ende wurde Sepp Maier mit der deutschen Nationalmannschaft Weltmeister – sein größter Triumph.

Bei der EM 1976 gelang Maier mit der deutschen Nationalmannschaft der Finaleinzug. Dieses verlor die deutsche Nationalmannschaft aber nach Elfmeterschießen, dabei parierte er keinen Elfmeter. Bei der WM 1978 schied Maier mit der deutschen Nationalmannschaft nach einer 2:3-Niederlage gegen Österreich in der zweiten Runde aus.

In seinen sechs letzten Länderspielen 1978/79 war er Spielführer der Nationalmannschaft. Sein letztes Länderspiel bestritt er am 26. Mai 1979 in Reykjavík beim 3:1-Sieg gegen Island, bei dem er zur zweiten Halbzeit beim Stand von 2:0 für Toni Schumacher (1. Länderspiel) ausgewechselt wurde. Mit 95 absolvierten Länderspielen war Maier bis zum 17. November 2020 deutscher Rekord-Nationaltorhüter.

Als Torwart der deutschen Fußballnationalmannschaft, die 1974 die Weltmeisterschaft gewann, wurde er im selben Jahr gemeinsam mit seinen Teamkameraden mit dem Silbernen Lorbeerblatt ausgezeichnet. 1978 erhielt er das Bundesverdienstkreuz. Die Auszeichnung zum Kicker-Torhüter des Jahres erhielt er 1976, 1977 und 1978. In der Rangliste des deutschen Fußballs wurde er zwischen 1966 und 1979 insgesamt sechsmal als Weltklasse und 21-mal in der Kategorie Internationale Klasse eingestuft.

Er wurde 2014 in die Hall of Fame des deutschen Sports aufgenommen und 2018 in die erste Elf der Hall of Fame des deutschen Fußballs des Deutschen Fußballmuseums aufgenommen. 2018 wurde in den Stachus-Passagen der Sky of Fame eröffnet, bei dem Münchner Persönlichkeiten mit einem Deckenbild geehrt werden. Eines der vier ersten Deckenbilder zeigt Sepp Maier.

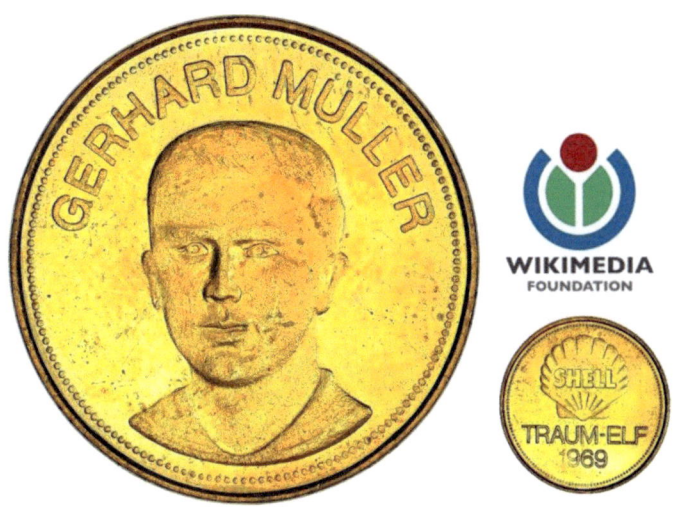

Gerhard „Gerd" Müller (* 3. November 1945 in Nördlingen; † 15. August 2021 in Wolfratshausen) war ein deutscher Fußballspieler.

Mit 365 Toren in 427 Partien ist der als „Bomber der Nation" bezeichnete Müller Rekordtorschütze der Fußball-Bundesliga und gilt aufgrund seiner außergewöhnlichen Körperbeherrschung und Fähigkeit zur Antizipation als einer der besten Stürmer aller Zeiten. 1970 wurde er mit dem Ballon d'Or als „Europas Fußballer des Jahres" ausgezeichnet.

Als Spieler des FC Bayern München (1964 bis 1979) gewann Müller vier deutsche Meisterschaften, viermal den DFB-Pokal, dreimal den Europapokal der Landesmeister, einmal den Europapokal der Pokalsieger sowie einmal den Weltpokal. Mit der deutschen Nationalmannschaft wurde er 1972 Europa- und 1974

Weltmeister. Im Verlauf seiner Karriere wurde Müller bei 18 unterschiedlichen Wettbewerben Torschützenkönig (u. a. siebenmal in der deutschen Bundesliga).

Nach dem Karriereende war er von 1992 bis 2014 als Co-Trainer im Trainerstab der zweiten Mannschaft des FC Bayern tätig.

Seine Karriere in der A-Nationalmannschaft begann am 12. Oktober 1966 in Ankara gegen die Türkei. In seinem zweiten A-Länderspiel am 8. April 1967 in Dortmund gegen Albanien erzielte er die ersten 4 seiner 68 Tore in der Nationalelf. In der Partie, die später als die Schmach von Tirana in die deutsche Fußballgeschichte einging, wurde er von Helmut Schön nicht in den Kader berufen.

Der erste Höhepunkt seiner Länderspielkarriere war die Teilnahme an der Weltmeisterschaft 1970 in Mexiko. Bereits in der Vorrunde schoss er sieben Tore. Im Viertelfinale gelang ihm das Siegtor zum 3:2 gegen England. Im anschließenden „Jahrhundertspiel", dem Halbfinale gegen Italien, erzielte er zwei Tore in der Verlängerung (Endstand 3:4). Als Müller sich bei einem scheinbar schon geklärten Eckball zwischen einen italienischen Verteidiger und den Torwart drängte und den Ball ins Tor spitzelte, kommentierte dies Fernsehreporter Ernst Huberty mit den Worten: „Wenn Sie jemals ein echtes Müller-Tor gesehen haben, dann jetzt." Müller wurde bei diesem Turnier mit zehn Treffern Torschützenkönig und im selben Jahr als erster

Deutscher mit dem Ballon d'Or als „Europas Fußballer des Jahres" ausgezeichnet.

1972 wurde er mit der DFB-Auswahl Europameister. Bei diesem Turnier wurde er mit vier Treffern erneut Torschützenkönig.

Wolfgang Overath und Gerd Müller (rechts) nach dem Sieg 1974

Die Länderspielkarriere endete am 7. Juli 1974 mit dem Gewinn der Weltmeisterschaft in seinem Heimatstadion in München, wo er im Finale gegen die Niederlande in der 43. Minute das Siegtor zum 2:1 erzielte.

Nach der WM 1974 erklärte Müller nach 62 Länderspielen im Alter von nur 28 Jahren seinen Rücktritt aus der Nationalmannschaft. Einige Quellen bringen seinen Rücktritt in Zusammenhang mit seinen Äußerungen über seine Verärgerung über den DFB. Der DFB hätte nach Ansicht Müllers den Spielerfrauen in den Stadien schlechte Plätze zugewiesen und sie nicht zum Festbankett nach dem gewonnenen WM-Titel eingeladen. Außerdem habe der DFB zu niedrige Prämien („lachhaft") für einen WM-Erfolg ausgelobt. Müller besteht aber darauf, dass sein Entschluss zum Rücktritt bereits ein Vierteljahr vor der WM gefallen sei und er diese Entscheidung drei Tage vor dem WM-Finale Trainer Helmut Schön mitgeteilt habe und private Gründe für seine Entscheidung maßgeblich gewesen seien. Er habe mehr Zeit mit seiner Frau und seiner damals dreijährigen Tochter Nicole verbringen wollen. Schön habe ihn gebeten, mit der Bekanntgabe bis nach dem Endspiel zu warten. Viele Jahre später erklärte er in einem Interview, dass er fast nie daheim war. Wenn er heimkam, fragte seine kleine Tochter: „Ist der Onkel heute wieder da?"

Mitte April 1976 gab es, nachdem Müller gerade drei wichtige Treffer für den FC Bayern (im Europacup 2:0 gegen Real Madrid und in der Meisterschaft 1:0 gegen den HSV) erzielt hatte, Diskussionen um seine Rückkehr in das Nationalteam, doch er lehnte ab.[32]

## Spielweise

Müllers Beiname „Bomber der Nation" entsprach kaum seiner Spielweise. Vielmehr war er ein klassischer Strafraumstürmer, der nicht von einem kraftvollen Schuss, sondern von seiner unberechenbaren Raffinesse lebte. Sein Markenzeichen war die schnelle Drehung auf engstem Raum, die ihm seine relativ kurzen Beine (78 cm) und der damit verbundene „niedrige Körperschwerpunkt" ermöglichten. Hatte er sich den nötigen Freiraum verschafft, folgte der überraschende Torabschluss selbst aus ungünstigsten Positionen heraus. Bot sich Müller eine Gelegenheit, überlegte er nicht lange und suchte den direkten Weg zum Torabschluss. Typisch waren sein gutes Gespür für Spielsituationen, seine Reaktionsschnelligkeit sowie sein Vermögen, selbst aus scheinbar unmöglichen Positionen und Lagen Tore zu schießen: aus der Drehung, mit dem Rücken zum Tor, im Laufen, im Liegen, Stehen und Fallen, mit dem Fuß, mit dem Kopf, dem Knie und manchmal sogar mit dem Gesäß. Diese unnachahmliche Art, Tore zu erzielen, nannten die Journalisten „Müllern". Beispielhaft ist sein nach eigener Aussage „wichtigstes Tor", das Siegtor im WM-Finale 1974 von München.

Aufgrund dieser unberechenbaren Spielweise stellte Müller die gegnerischen Abwehrspieler vor ein nahezu unlösbares Problem. Gegen seine Drehungen, seine Reaktionsfähigkeit und seine Intuition halfen weder Mann- noch Raumdeckung.

Günter Theodor Netzer (* 14. September 1944 in München Gladbach, heute Mönchengladbach) ist ein ehemaliger deutscher Fußballprofi, der zehn Jahre für Borussia Mönchengladbach und ab 1973 drei Jahre für Real Madrid spielte. Mit der deutschen Fußballnationalmannschaft wurde er 1972 Europameister und 1974 bei der Endrunde im eigenen Land Weltmeister.

Netzer gilt bis heute als einer der besten Mittelfeldspieler in der Geschichte der Bundesliga. Anfang der 1970er Jahre war Netzer einer der größten Stars der Liga und der erste Spieler, der mit einem extravaganten Lebensstil für Aufmerksamkeit sorgte.

Heute ist Günter Netzer Medienunternehmer, bis nach der WM 2010 war er 13 Jahre lang neben Sportmoderator Gerhard Delling als Experte für die

ARD tätig. Seit 2015 verfügt er nach seiner Einbürgerung über das Schweizer Bürgerrecht.

Nach einem halben Jahr Bundesliga wurde Netzer erstmals für die Nationalmannschaft nominiert. Er absolvierte sein erstes Länderspiel am 9. Oktober 1965 gegen Österreich; doch konnte er sich nicht für einen Stammplatz empfehlen und wurde für die Weltmeisterschaft 1966 nicht berücksichtigt. Für die EM-Endrunde 1968 konnte sich die DFB-Auswahl nicht qualifizieren, unter anderem durch das 0:0 gegen Albanien (Schmach von Tirana), bei dem Netzer in der Mannschaft stand. 1970 stand Netzer im Aufgebot für die WM-Endrunde in Mexiko, verletzte sich jedoch kurz vor der Abreise; für ihn rückte Hennes Löhr in den Kader. Bundestrainer Helmut Schön setzte meist auf den Kölner Wolfgang Overath als Spielgestalter – insbesondere nach dem als Schmach von Tirana in die deutsche Fußballgeschichte eingegangenen Versuch, mit beiden Regisseuren anzutreten. Die Rivalität zwischen Netzer und Overath bestimmte die frühen 1970er Jahre.

Den Höhepunkt seiner Karriere im DFB-Dress erlebte Netzer bei der Europameisterschaft 1972, als die deutsche Elf im Viertelfinale auf England traf. Ihr gelang der erste Sieg einer deutschen Nationalmannschaft im Wembley-Stadion (3:1, wobei Netzer das zwischenzeitliche 2:1 per Strafstoß erzielte). Die Presse feierte die Geburtsstunde einer neuen Mannschaft (Wembley-Elf (1972)) mit Regisseur Netzer als Bindeglied zwischen Gerd Müller im Angriff und Libero Franz Beckenbauer in der Abwehr. Im Endspiel wurde die Sowjetunion mit 3:0 geschlagen, (West-)Deutschland wurde 1972 erstmals Europameister.

Bei der WM 1974 im eigenen Land gab Bundestrainer Schön wieder Overath den Vorzug. Netzer, der 1973 zu Real Madrid gewechselt war und außer Form zur WM kam, bestritt nur ein Spiel, das sein einziges bei einer Weltmeisterschaft bleiben sollte. Bei der 0:1-Niederlage gegen die DDR wurde er nach 70 Minuten für seinen Kölner Konkurrenten Overath eingewechselt, konnte dem Spiel aber keine entscheidende Wendung mehr geben. Deutschland wurde am Ende Weltmeister, jedoch erklärte Netzer später, dass er sich nicht als Weltmeister fühle, da er nur zu einem Einsatz gekommen war.

Beim 1:1 gegen Griechenland am 11. Oktober 1975 bestritt Netzer das letzte seiner 37 Länderspiele (6 Tore). Seine Nichtberücksichtigung für das darauffolgende Spiel gegen Bulgarien bewog ihn zu seinem Rücktritt.[8] Netzer zählt zu den 46 Spielern, die über mehr als zehn Jahre in der Nationalmannschaft zum Einsatz kamen.[9]

Spielweise

Netzer war die Verkörperung des klassischen Spielmachers und gilt bis heute als einer der besten Mittelfeldspieler in der Geschichte der Bundesliga. Mit weiten Pässen und Vorstößen „aus der Tiefe des Raumes" sorgte er auf dem Spielfeld für Aufsehen. Neben einer überragenden Spieltechnik besaß er eine natürliche Autorität und war die unangefochtene Führungsfigur der Mannschaft. In seiner aktiven Zeit bei Borussia Mönchengladbach wurden ihm von der Vereinsführung und von Trainer Weisweiler auch außerhalb des Spielfeldes große Freiheiten gewährt.

## Erfolge als Spieler

### International

Weltmeister: 1974

Europameister: 1972

### Deutschland

Deutscher Meister: 1970, 1971

Deutscher Pokalsieger: 1973

Deutschlands Fußballer des Jahres: 1972, 1973

Tor des Jahres: 1972, 1973

### Spanien

Spanischer Meister: 1975, 1976

Spanischer Pokalsieger: 1974, 1975

Wolfgang Overath (* 29. September 1943 in Siegburg) ist ein ehemaliger deutscher Fußballspieler. Er war von Juni 2004 bis November 2011 Präsident des 1. FC Köln. Sein größter Erfolg in seiner aktiven Zeit war der Weltmeistertitel 1974.

Einen Monat nach dem Bundesligastart, am 28. September 1963, debütierte der lauffreudige Techniker unter Bundestrainer Sepp Herberger auch in der Fußballnationalmannschaft. Neben den weiteren Debütanten Reinhard Libuda und Werner Krämer wurde der Kölner in der 69. Spielminute für Friedhelm Konietzka auf Halblinks eingewechselt.

Zwischen 1963 und 1974 hatte Overath 81 Einsätze in der Nationalmannschaft, für die er 17 Tore erzielte. Er nahm an drei Fußball-Weltmeisterschaften teil: 1966 in England wurde der Mittelfeldregisseur mit der deutschen

Elf Vizeweltmeister (2:4 n. V. gegen England) und 1970 in Mexiko Dritter hinter Brasilien und Italien. Er erzielte im Spiel um Platz drei den Treffer beim 1:0 gegen Uruguay. Sein größter Erfolg war der Gewinn des Weltmeistertitels 1974 in der Bundesrepublik Deutschland, bei der Overath in allen Spielen der bundesdeutschen Nationalmannschaft von Beginn an spielte und zwei Tore erzielte.

## Erfolge

1964: Deutscher Meister

1965, 1973: Deutscher Vize-Meister

1966: Vize-Weltmeister

1968, 1977: DFB-Pokal-Sieger

1970, 1971 und 1973: Vize-Pokalsieger

1970: WM-Dritter

1974: Weltmeister

Bernd Patzke (* 14. März 1943 in Berlin) ist ein ehemaliger deutscher Fußballspieler.

Seine ersten Fußballerfolge feierte der deutsche Jugend- und Amateurauswahlspieler in seiner Heimatstadt mit Minerva 93 Berlin. 1962 wechselte Patzke als Profi nach Belgien zu Standard Lüttich. Nach dem Gewinn der belgischen Meisterschaft holte ihn Trainer Max Merkel 1964 zum TSV 1860 München. Er absolvierte als Abwehrspieler zwischen 1964 und 1972 in der Bundesliga 202 Spiele für 1860 München und Hertha BSC und erzielte dabei sechs Tore. Mit den „Sechzigern" wurde er 1966 Deutscher Meister.

Patzke kam zu 24 Einsätzen in der Nationalmannschaft. Er wurde bei der Fußball-Weltmeisterschaft 1966 in England mit der Mannschaft Vizeweltmeister und belegte bei der Fußball-Weltmeisterschaft 1970 in Mexiko mit dem Team den dritten Platz.

Am 30. Juli 1966 verlieh ihm der Bundespräsident das Silberne Lorbeerblatt.

Ab 1975 arbeitete er als Trainer unter anderem für den ESV Ingolstadt-Ringsee und den Süd-Zweitligisten FK Pirmasens. Im September 1983 kehrte Patzke als Trainer zum TSV 1860 zurück und erreichte die Meisterschaft in der Bayernliga. Die „Löwen" scheiterten jedoch in der Aufstiegsrunde zur 2. Liga. 1984 wurde er als Trainer während der laufenden Spielzeit wieder entlassen.

Im Jahre 1990 war Patzke Nationaltrainer des Oman.

Ab 1996 war Bernd Patzke als Spielerberater tätig.


Nationalmannschaft

| Jahre | Auswahl | Spiele (Tore) |
| --- | --- | --- |
| 1962 | Deutschland Amateure | 2 (0) |
| 1965–1971 | Deutschland | 24 (0) |

Karl-Heinz Schnellinger (* 31. März 1939 in Düren) ist ein ehemaliger deutscher Fußballspieler.

Der Abwehrspieler war einer der ersten deutschen Profis, die ins Ausland wechselten. In Italien gewann er mit dem AC Mailand alle bedeutenden internationalen Titel. Mit der deutschen Nationalmannschaft nahm er an vier Weltmeisterschaften (1958, 1962, 1966, 1970) teil und erreichte zweimal das Halbfinale sowie einmal das Finale.

Schnellinger bestritt sein erstes Länderspiel für eine DFB-Auswahl am 31. März 1957 in Oberhausen beim 4:1-Sieg der DFB-Jugendauswahl gegen die Auswahl Englands. Danach absolvierte er noch drei Länderspiele beim UEFA-Juniorenturnier in Spanien. Die Spiele gegen die Auswahl Ungarns am 14., Polens am 16. und Spaniens am 18. April 1957 endeten unentschieden (2:2,

2:2, 1:1). Für die Amateur-Nationalmannschaft kam er einzig am 12. Oktober 1957 in Ilford beim 3:2-Sieg gegen die Auswahl Englands zum Einsatz.[9]

Am 2. April 1958 (zwei Tage nach seinem 19. Geburtstag) gab der Verteidiger seinen Einstand in der A-Nationalmannschaft. „Schnellinger hat seine Prüfung glänzend bestanden. Bei ihm gibts kein Zögern, kein Zaudern. Kompromisslos zerstört er alle Angriffe", schrieb die Presse nach dem Spiel gegen die Tschechoslowakei (3:2).

Herberger nahm Schnellinger nach einer Saison in der II. Division West mit 21 Einsätzen und sechs Toren für die SG Düren 99 noch im selben Jahr mit zur Weltmeisterschaft nach Schweden, wo Schnellinger internationale Erfahrung sammeln sollte, und setzte ihn in zwei Spielen ein: in der Vorrunde gegen die Tschechoslowakei (2:2) und im eher unbedeutenden Spiel um den dritten Platz gegen Frankreich (3:6). Angetan hatte es dem Debütanten vor allem Fritz Walter, den er bewunderte und zu dem er aufschaute. Der „große Fritz" war für den Jungen aus Düren der Idealfußballer. Sein Entdecker war der damalige Herberger-Assistent Helmut Schön, der auf Schnellinger in der Mittelrheinauswahl aufmerksam wurde.

1962 fuhr Karl-Heinz Schnellinger unter anderen Voraussetzungen zur WM nach Chile. Als amtierender Deutscher Meister war er nun eine feste Größe in Herbergers System. Obwohl die deutsche Elf nicht über das Viertelfinale hinauskam, hinterließ er einen starken

Eindruck, denn die deutsche Abwehr musste in vier Spielen nur zwei Gegentreffer hinnehmen. Deutschlands Journalisten wählten ihn daraufhin zum „Fußballer des Jahres" und er gehörte dem All-Star-Team der Weltmeisterschaft an.

Bei der WM 1966 in England standen neben Schnellinger mit Helmut Haller und Albert Brülls zwei weitere Italien-Legionäre im deutschen Kader, was der Mannschaft, die durch Jungstars wie Franz Beckenbauer, Wolfgang Overath und Lothar Emmerich komplettiert wurde, mehr Qualität brachte. Deutschland zählte zu den stärksten Mannschaften des Turniers, nicht zuletzt wegen ihrer Abwehr, die bis zum Finaleinzug nur zwei Gegentreffer kassieren musste. Doch das Endspiel im legendären Wembley-Stadion ging nach einer dramatischen Partie mit 2:4 n. V. an Gastgeber England.

Bei seiner vierten WM 1970 in Mexiko organisierte Schnellinger die deutsche Abwehr. Sein einziges Tor, das er in 47 Spielen für die Nationalelf erzielte, war der Ausgleichstreffer im Halbfinale gegen Italien. Am 17. Juni 1970 im WM-Halbfinalspiel Deutschland gegen Italien im Aztekenstadion von Mexiko-Stadt vor über 100.000 Zuschauern lag die Mannschaft Helmut Schöns seit der 8. Minute 0:1 zurück. Es lief bereits die 91. Minute. Jürgen Grabowski flankte von links. Karl-Heinz Schnellinger grätschte mit rechts: 1:1. Den deutschen Kommentator Ernst Huberty verleitete das zu dem Kultausspruch „Ausgerechnet Schnellinger...", weil Schnellinger seit Jahren in Italien spielte. Es folgte eine spektakuläre und bis heute berühmte Verlängerung.

Italien siegte 4:3 n. V., und noch heute spricht man vom „Jahrhundertspiel". Deutschland wurde schließlich WM-Dritter (1:0-Sieg über Uruguay).

Am 17. Februar 1971 absolvierte Schnellinger beim 1:0 über Albanien sein letztes Länderspiel und beendete nach 13 Jahren und 47 Spielen, davon 17 bei Weltmeisterschaften, in der Nationalelf seine Karriere.

Am 30. Juli 1966 erhielt er das Silberne Lorbeerblatt.

Titel

Deutscher Meister: 1962

Italienischer Meister: 1968

Italienischer Pokalsieger: 1964, 1967, 1972, 1973

Europapokalsieger der Pokalsieger: 1968, 1973

Europapokalsieger der Landesmeister: 1969

Weltpokalsieger: 1969

Vierter der Weltmeisterschaft: 1958

Vize-Weltmeister: 1966

Dritter der Weltmeisterschaft: 1970

Willi Schulz (* 4. Oktober 1938 in Wattenscheid) ist ein ehemaliger deutscher Fußballspieler.

Bereits während seiner Zeit bei Union Günnigfeld wurde der damalige DFB-Trainer Dettmar Cramer auf das junge Talent aufmerksam. Nachdem Schulz zu je einem Einsatz in der Junioren- und in der B-Nationalmannschaft gekommen war, berief Bundestrainer Sepp Herberger den Amateurspieler erstmals zu einem A-Länderspiel; es war das Spiel gegen Jugoslawien am 20. Dezember 1959 in Hannover (1:1). Dort spielte er zusammen mit den damaligen Größen Schnellinger, Rahn und Seeler auf der Position des rechten Außenläufers. Mit der DFB-Amateurmannschaft (insgesamt acht Einsätze) bestritt er auch die Olympia-Qualifikationsspiele für Rom 1960 gegen Finnland und Polen; die DFB-Elf konnte sich jedoch nicht qualifizieren.

Bis zur Weltmeisterschaft 1962 in Chile hatte Schulz bereits sieben von 15 Spielen der Nationalelf bestritten und wurde in das Weltmeisterschaftsaufgebot berufen. In Chile nahm er an allen vier Spielen der DFB-Auswahl teil. Auch bei den Weltmeisterschaften 1966 in England und 1970 in Mexiko gehörte er zum Aufgebot und kam so auf insgesamt dreizehn WM-Einsätze.

Der Höhepunkt seiner Länderspielkarriere war das WM-Finale am 30. Juli 1966 in London gegen England (2:4). In diesem Turnier zeigte er als Abwehrchef eine Weltklasseleistung, die ihm zur Ehrenbezeichnung „World-Cup-Willi" verhalf.

Sein 66. und letztes Länderspiel bestritt Schulz am 17. Juni 1970 im legendären WM-Halbfinale gegen Italien (3:4).[2] Am Spiel um Platz 3 nahm er nicht mehr teil, nicht weil er seine Fußballschuhe versehentlich vergessen hatte, sondern in Absprache mit Bundestrainer Helmut Schön. Während seiner Länderspielkarriere führte er die DFB-Elf zwanzigmal als Kapitän an.

Zweimal wurde er in eine Weltauswahl berufen. Für seine sportlichen Leistungen erhielt er am 30. Juli 1966 das Silberne Lorbeerblatt.

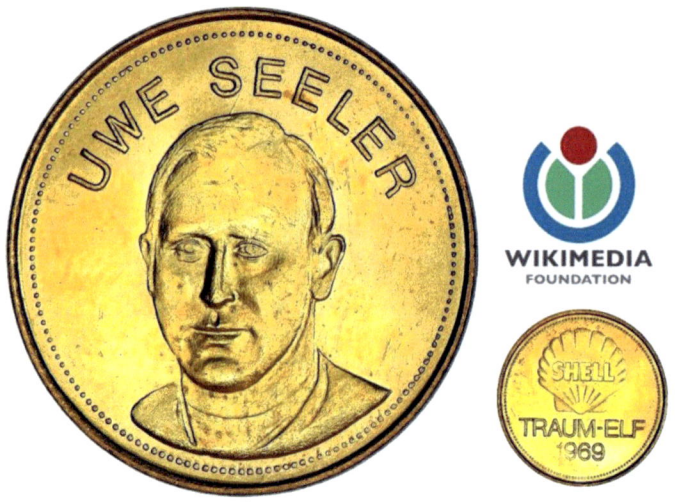

Uwe Seeler (* 5. November 1936 in Hamburg) ist ein
ehemaliger deutscher Fußballspieler. Er galt in seiner
aktiven Zeit als einer der besten Mittelstürmer der Welt.
Seeler spielte seine gesamte Karriere beim Hamburger
SV und gilt als einer der wichtigsten Spieler des Vereins.
In der Saison 1963/64 war er der erste Torschützenkönig
der Bundesliga. Als Kapitän der deutschen
Nationalmannschaft wurde er 1966 Vizeweltmeister und
erreichte bei der Weltmeisterschaft 1970 den dritten
Platz.

Wegen seiner Verdienste um den deutschen Fußball
ernannte ihn der DFB 1972 als zweiten Spieler
überhaupt zum Ehrenspielführer der Nationalelf. Seit
2003 ist Seeler Ehrenbürger seiner Heimatstadt.

Seeler gehörte zur Premieren-Mannschaft der A-
Junioren-Auswahl U18, die am 31. März 1953 in Lüttich

– anlässlich des von der FIFA erstmals ausgetragenen Turniers dieser Altersklasse – mit 3:2 über Argentinien siegte; neben Seeler trafen ferner Stürmer und Matheus. Seeler spielte zehnmal in dieser Auswahl und erzielte 15 Tore, darunter 4 Tore am 11. April 1954 in Wuppertal beim 6:1-Erfolg über das Saarland. Auf die Qualitäten des Jungstürmers aufmerksam geworden, berief ihn Bundestrainer Sepp Herberger am 16. Oktober 1954 in die A-Nationalmannschaft, in der Seeler im Alter von nur 17 Jahren bei der 1:3-Niederlage gegen Frankreich sein Debüt gab. Den Durchbruch zum internationalen Top-Star schaffte Seeler bei der WM 1958 in Schweden, wo er gemeinsam mit Helmut Rahn und Hans Schäfer den Sturm bildete. In den Gruppenspielen gegen Argentinien und Nordirland gelang ihm jeweils ein Treffer. Das Aus für Deutschland kam im Halbfinale gegen Schweden, wobei Seeler sich verletzte und im Spiel um Platz drei gegen Frankreich nicht teilnehmen konnte. „Es gibt zweifellos spielerisch weitaus bessere Spieler", räumte Herberger später ein, „aber keiner besitzt das Talent wie Uwe Seeler, auf engstem Raum gegen die stärkste Bewachung soviel Wirkung zu erzielen." In diesem Jahr kam er auch einmal für die U23-Nationalmannschaft zum Einsatz, als er mit dieser am 26. Februar in Wuppertal mit 4:1 gegen die Auswahlmannschaft Belgiens erfolgreich war.

1961 trug Seeler im Spiel gegen Dänemark zum ersten Mal die Kapitänsbinde. In diesem Spiel gelang dem nur 1,68 m großen Stürmer beim 5:1-Erfolg ein Hattrick mit drei Kopfballtoren. Wie beim HSV war er nun auch in der Nationalelf zum kämpferischen Vorbild und

Führungsspieler aufgestiegen. Seeler war bei der WM 1962 in Chile die große Sturmhoffnung der deutschen Mannschaft. Deutschland wurde souverän Gruppensieger, wobei Seeler mit zwei Toren dazu beitrug. Doch im Viertelfinale folgte die Enttäuschung, als Deutschland nach einer 0:1-Niederlage gegen Jugoslawien ausschied und die Heimreise antreten konnte. Nach der Weltmeisterschaft trat Mannschaftskapitän Hans Schäfer aus der Nationalelf zurück und fortan war Seeler als bisheriger Stellvertreter neuer Kapitän.

Nach seiner schweren Achillessehnen-Verletzung 1965 wurde Seeler rechtzeitig wieder fit und der Kapitän schoss seine Mannschaft mit dem Tor zum 2:1-Sieg über Schweden zur WM-Endrunde 1966 nach England. Bei der WM zeigte die deutsche Mannschaft starke Leistungen, was auch an den neuen Nationalspielern Franz Beckenbauer, Wolfgang Overath und Sigfried Held lag. Deutschland wurde Gruppensieger, und Seeler steuerte den entscheidenden Treffer zum 2:1-Sieg über Spanien bei. Im Viertelfinale wurde Uruguay mit 4:0 vom Platz gefegt (ein Seeler-Tor zum zwischenzeitlichen 3:0). Im Halbfinale wurde die Sowjetunion mit 2:1 niedergerungen, und Seeler stand mit seiner Mannschaft im WM-Finale gegen Gastgeber England. Im legendären Endspiel im Wembley-Stadion unterlag Deutschland mit 2:4 n. V. und wurde Vize-Weltmeister. Berühmt geworden ist das Bild des deutschen Kapitäns, der nach dem Schlusspfiff mit gesenktem Kopf vom Platz schleicht. Oft wurde geschrieben, dass dieses Foto nach der ersten Halbzeit beim Gang in die Kabine aufgenommen wurde, da dies Seeler auch lange Zeit selbst behauptete. Als Begründung wurde auf die Musikkapelle auf dem Spielfeld hingewiesen, diese war jedoch auch nach dem Schlusspfiff auf dem Platz, wie auch in der Fernsehaufzeichnung zu erkennen ist. Uwe Seeler selbst stellte inzwischen auch in seiner Autobiografie Danke, Fußball! fest, dass das Foto nach Spielende entstand. Seeler wurde trotz der finalen Niederlage als einer der besten Spieler des gesamten Turniers bezeichnet.

1968 erklärte Seeler seinen Rücktritt aus der Nationalmannschaft, gab aber dem Drängen von Trainer Helmut Schön nach und kehrte in die Elf zurück, der Bundestrainer wollte der Mannschaft durch Seelers Einsatz mehr internationale Erfahrung zufügen. Beim WM-Turnier 1970 in Mexiko spielte der bereits 33-Jährige als zurückhängende Spitze hinter Gerd Müller. Der Einsatz des wieder ernannten Kapitäns sollte sich auszahlen; in der Gruppenphase gelangen ihm Treffer gegen Marokko und Bulgarien. Die gesamte Mannschaft profitierte von seiner Erfahrung. Im Viertelfinale gegen Titelverteidiger England erzielte er wohl das kurioseste Tor seiner Länderspielkarriere, als er den Ball kurz vor Schluss zum 2:2-Ausgleich (Endstand 3:2 n. V. für Deutschland) mit dem Hinterkopf ins Tor lenkte. Im Halbfinale schied die DFB-Auswahl in einer dramatischen Partie („Jahrhundertspiel") mit 3:4 n. V. gegen Italien aus und belegte nach einem 1:0 gegen Uruguay den dritten Platz. Trotz seines Alters zählte er als eine der „Entdeckungen" der WM und lieferte wie 1966 ein herausragendes Turnier ab. So ging beispielsweise beiden Müller-Toren in der Verlängerung des Halbfinales bei der WM 1970 gegen Italien ein gewonnenes Kopfballduell von Seeler voraus.

Mit seinem letzten, dem 72. Länderspiel gegen Ungarn am 9. September 1970 überbot er den Rekord von Paul Janes, welcher seit 1942 Bestand hatte. Er hielt den Rekord bis zum 24. November 1973 und wurde dann von Franz Beckenbauer überboten. Er schoss 43 Tore, sein letztes war das 2:2 im Viertelfinale gegen England bei der WM 1970. Damit hat er die beste Torquote aller deutschen Spieler mit mehr als 70 Länderspielen (Gerd Müller bestritt nur 62 Länderspiele). Seeler nahm an den Weltmeisterschaften 1958, 1962, 1966 und 1970 teil und wurde dort bei insgesamt 21 Länderspielen eingesetzt. Es gelang ihm, sich bei allen 4 WM-Turnieren in die Torschützenliste einzutragen, eine Leistung, die außer ihm nur noch Pelé, Miroslav Klose und Cristiano Ronaldo gelang. Seeler gelang dies in der 56. Minute des Spiels gegen Marokko durch den 1:1-Ausgleich, Pelé in der 59. Minute im gleichzeitig stattfindenden Spiel Brasiliens gegen die Tschechoslowakei. Seeler war der erste Spieler mit mehr als 20 WM-Spielen. Sein Rekord wurde erst 1998 von Lothar Matthäus überboten.

Hans-Hubert „Berti" Vogts (* 30. Dezember 1946 in Büttgen, heute zu Kaarst; Spitzname Terrier) ist ein ehemaliger deutscher Fußballspieler und heutiger Fußballtrainer.

Berti Vogts spielte innerhalb von 14 Jahren 419-mal in der Fußball-Bundesliga für Borussia Mönchengladbach. Kein anderer Spieler war in der Bundesliga häufiger für diesen Verein aktiv. Als Mannschaftskapitän führte er die Borussia 1975 und 1979 jeweils zum UEFA-Pokal-Sieg und war beim Gewinn aller fünf Meisterschaften des Vereins Teil der Mannschaft; in der Nationalmannschaft kam er 96-mal zum Einsatz und wurde Europameister 1972 und Weltmeister 1974. Bei der Weltmeisterschaft 1978 war Vogts Mannschaftskapitän der deutschen Mannschaft.

Er trainierte die Nationalmannschaften von Deutschland, Kuwait, Schottland (er ist der einzige Nichtschotte, der jemals Trainer dieser Nationalmannschaft war), Nigeria und Aserbaidschan. Sein größter Erfolg als Trainer war der Gewinn der Europameisterschaft 1996.

In der deutschen Fußballnationalmannschaft spielte Vogts von 1967 bis 1978. Er absolvierte insgesamt 96 A-Länderspiele, in denen er ein Tor erzielte (beim 8:0 gegen Malta am 28. Februar 1976). Er kam in 85 % der ausgetragenen Länderspiele zum Einsatz, lediglich Franz Beckenbauer erreichte von den Spielern mit mindestens 80 Einsätzen eine höhere Quote. Vogts stand dabei in 95 Spielen in der Startaufstellung und wurde lediglich dreimal ausgewechselt. Außerdem war er 20-mal Spielführer.

Als Höhepunkt seiner Länderspielkarriere gilt der Gewinn der Weltmeisterschaft 1974 in Deutschland. Bei der gewonnenen Europameisterschaft 1972 gehörte er zum Kader, kam aber verletzungsbedingt nicht zum Einsatz. 1976 erreichte die Nationalmannschaft das Endspiel um die Europameisterschaft, verlor jedoch im Elfmeterschießen. Seine Länderspielkarriere endete am 21. Juni 1978 mit dem mit 2:3 verlorenen WM-Zwischenrundenspiel gegen Österreich in Argentinien, bei dem er ein Eigentor schoss. Nach dem Turnier, in dem er die deutsche Mannschaft als Kapitän anführte, sagte Vogts in Bezug auf die herrschende Militärjunta: „Argentinien ist ein Land, in dem Ordnung herrscht. Ich habe keinen einzigen politischen Gefangenen gesehen.

Wolfgang Weber (* 26. Juni 1944 in Schlawe, Pommern) ist ein ehemaliger deutscher Fußballspieler. Er spielte meist auf der Position des Vorstoppers. Sein Spitzname lautete „Bulle".

Wolfgang Weber spielte als Abwehr- und Mittelfeldspieler in der Bundesliga von 1963 bis 1978 in 356 Spielen[2] für den 1. FC Köln und wurde 1964 und 1978 mit dem Verein Deutscher Meister. Außerdem gewann er mit Köln 1968, 1977 und 1978 den DFB-Pokal. Er kam in 49 Pokalspielen zum Einsatz, in denen er sieben Tore schoss. Weber nahm 1966 an der WM in England und 1970 an der WM in Mexiko teil. 1966 wurde er Vizeweltmeister und 1970 WM-Dritter. Er bestritt zwischen 1964 und 1974 53 Länderspiele und erzielte zwei Treffer. Eines seiner beiden Tore war dabei das 2:2 im WM-Endspiel 1966 gegen England in der letzten Minute der regulären Spielzeit, was die deutsche

Nationalmannschaft in die Verlängerung rettete. Legendär war die Härte des Innenverteidigers gegen sich und seine Gegenspieler. Beim Viertelfinalspiel 1965 im Europapokal der Landesmeister gegen den englischen Meister FC Liverpool brach sich Weber das Wadenbein und spielte bis zum Ende weiter, da man noch nicht auswechseln durfte. Der Vergleich wurde erst durch den „Münzwurf von Rotterdam" zugunsten Liverpools entschieden.

Im Januar 1977 wurde bei Weber eine Herzmuskelentzündung diagnostiziert, weshalb ein mehrwöchiger Aufenthalt in der Kölner Universitätsklinik erforderlich war. Sein letzter Pflichtspieleinsatz für die Geißböcke war am 22. Januar 1977 bei dem 2:2 Remis gegen Rot-Weiss Essen. Seit dem 1. Februar 1977 war Weber als Assistenztrainer, Scout und Spielbeobachter für den 1. FC Köln tätig. Weber beendete seine Karriere offiziell 1978. Gemeinsam mit seinem Freund Hannes Löhr bestritt er am 25. Oktober 1978 in Köln sein Abschiedsspiel gegen die deutsche Fußballnationalmannschaft. Nach 32 Minuten gingen die zwei Ex-Nationalspieler beim Spielstand von 1:1 durch ein von den FC- und Nationalelfspielern gebildetes Spalier unter stürmischem Applaus vom Platz. Vor 25.000 Zuschauern hatten sie zuvor in der von Hennes Weisweiler betreuten FC-Elf auf ihren langjährigen Stammpositionen nochmals ihr Können aufblitzen lassen. Bernd Schuster und Holger Willmer wurden für die beiden verdienten Spieler eingewechselt. Gerd Zewe erzielte mit einem Treffer in der 43. Minute den 2:1-Endstand für die DFB-Auswahl.

Horst „Luffe" Wolter (* 8. Juni 1942 in Berlin) ist ein
ehemaliger deutscher Fußballspieler.

Wolter absolvierte zwischen 1967 und 1970 lediglich 13
Spiele für die deutsche Fußballnationalmannschaft, da er
hinter Sepp Maier immer als Ersatztorwart gesetzt war.
Er wurde mit dem Nationalteam Dritter bei der Fußball-
Weltmeisterschaft 1970 in Mexiko. Das 1:0 im Spiel um
Platz drei gegen Uruguay war sein letztes Länderspiel. Er
ist somit der einzige deutsche Torhüter, der bei einer
Weltmeisterschaft ohne Gegentor blieb.

Zusammen mit der Mannschaft, die den 3. Platz bei der
Weltmeisterschaft 1970 errungen hatte, erhielt er das
Silberne Lorbeerblatt.

Reinhard „Stan" Libuda (* 10. Oktober 1943 in Wendlinghausen; † 25. August 1996 in Gelsenkirchen) war ein deutscher Fußballspieler. Er verkörperte den klassischen Rechtsaußen im WM-System und auch in der nachfolgenden 4:3:3-Formation. Er war einer der bekanntesten und beliebtesten Fußballer seine Zeit. In den 1960er-Jahren wussten die meisten Deutschen, wer sich hinter dem Namen „Stan" verbarg. Libuda absolvierte für die Vereine FC Schalke 04 und Borussia Dortmund insgesamt 264 Bundesligaspiele und erzielte 28 Tore. In der Nationalmannschaft kam er in 26 Länderspielen zum Einsatz und erzielte drei Tore.

Sein Debüt in der Nationalmannschaft feierte Libuda mit 19 Jahren im September 1963 in Frankfurt beim Spiel gegen die Türkei unter Bundestrainer Sepp Herberger. Es folgten danach noch die Spiele gegen Schweden, Marokko, Algerien, Tschechoslowakei und am 13. Mai

1964 in Hannover gegen Schottland (2:2). Mit Beginn der Ära Helmut Schön und dem sportlichen Absturz von Schalke 04 fand dann aber keine kontinuierliche Berücksichtigung des Schalker Flügelstürmers in den nächsten drei Runden mehr statt. Lediglich am Rundenende 1964/65, dem Länderspiel am 6. Juni 1965 in Rio de Janeiro gegen Weltmeister Brasilien (0:2), kam Libuda zu seinem siebten Nationalmannschaftseinsatz, dem ersten unter Bundestrainer Schön. Dass er in den zwei sportlich sehr erfolgreichen Runden 1965/66 (Vizemeister und Europapokalsieger) und 1966/67 (3. Rang in der Bundesliga) mit Borussia Dortmund völlig leer in der A-Nationalmannschaft ausging, ist nur schwer erklärbar. Es gab zwar bereits Jürgen Grabowski, aber der Frankfurter gehörte erst ab 1970 zum festen Inventar der Nationalmannschaft. Fahrt nahm die Nationalmannschaftskarriere von Libuda erst in der Rückrunde 1968/69 wieder auf, als er am 26. März 1969 in Frankfurt beim 1:1 gegen Wales zu seinem 10. Länderspiel auflief.

Seinen wichtigsten Treffer für Deutschland erzielte er am 22. Oktober 1969 im Hamburger Volksparkstadion in der Partie gegen Schottland. Er erlief einen langen Pass von Helmut Haller aus der eigenen Hälfte, setzte zu einem Sololauf über das halbe Feld an und schoss das 3:2 für die deutsche Mannschaft. Die Begegnung am 22. Oktober 1969 wurde „zu einem der erregendsten Fußballereignisse, die jemals auf deutschem Boden stattfanden" (Schön). Bis heute bleibt die Partie untrennbar mit dem Namen 'Stan" Libuda verbunden. Der Journalist Jo Viellvoye kürte Libuda anschließend zum „Mann des Jahres für den deutschen Fußball", der es mit seinem Auftritt im Volksparkstadion endlich verdient habe, „so genannt zu werden wie der große Stan Matthew". Dieser Treffer sicherte die Qualifikation zur WM 1970 in Mexiko. Dort machte er in der Vorrunde das „Spiel seines Lebens". Beim 5:2-Sieg gegen Bulgarien erzielte er den zwischenzeitlichen Ausgleich, holte einen Elfmeter heraus und bereitete zwei weitere Treffer vor. In der Gemeinschaftsproduktion von Hennes Weisweiler, Sportinformationsdienst und der Bertelsmann Sportredaktion ist zur Leistung von Libuda im WM-Spiel gegen Bulgarien unter anderem festgehalten: „Der Schalker Dribbelkünstler und Ballartist Reinhard 'Stan' Libuda hatte eine Sternstunde. Mit seinen Sololäufen und genauen Pässen beflügelte er das Spiel der ganzen Mannschaft, schoss selbst das erste Tor und bereitete drei weitere vor. Seine Bewacher fanden kein Mittel, ihn zu stoppen. Mehr als einmal zogen sie die Notbremse. Immer wieder war es Libuda, der für Verwirrung in der bulgarischen Abwehr sorgte. Nach dem Spiel gab Franz Beckenbauer ganz offen zu: 'Gewonnen hat uns dieses Spiel Stan Libuda. Eine fantastische Leistung.' Ähnlich urteilte auch Wolfgang Overath: 'Entscheidend war unsere bessere Taktik. Bei solcher Hitze muss man anders als gewöhnlich spielen. Solange der Ball in den eigenen Reihen ist, kann der Gegner kein Tor machen. Außerdem hat es sich heute gezeigt, dass es nicht ohne gute Außenstürmer geht. Wir alle können uns bei Libuda bedanken. Er war heute der Beste von uns!" Insgesamt kam er bei dem Turnier auf fünf Einsätze, auch beim sogenannten Jahrhundertspiel gegen Italien (3:4 nach Verlängerung).

1970 erhielt er, nachdem die deutsche Nationalmannschaft in Mexiko den 3. Platz erreicht hatte, das Silberne Lorbeerblatt.

1971 absolvierte er sein letztes Länderspiel. Beim EM-Qualifikationsspiel am 17. November in Hamburg gegen Polen (0:0) stürmte er auf Rechtsaußen an der Seite von Gerd Müller und Jürgen Grabowski. Obwohl er mit Schalke Vizemeister in der Bundesliga geworden war, kam er in der EM-Endrunde im Juni 1972 in Belgien nicht zum Einsatz. Das Finale gewann Deutschland am 18. Juni mit 3:0 gegen die Sowjetunion und Kapitän Libuda führte Schalke 04 am 1. Juli zum 5:0-Pokaltriumph gegen den 1. FC Kaiserslautern. Bei insgesamt 26 Länderspieleinsätzen erzielte er drei Tore.


Erfolge

Verein

Europapokal der Pokalsieger: 1966

DFB-Pokal: 1972

Deutscher Vizemeister: 1966, 1972

Nationalmannschaft

Weltmeisterschafts-Dritter: 1970

Klaus Gerwien (* 11. September 1940 in Lyck, Ostpreußen; † 3. September 2018[1]) war ein deutscher Fußballspieler. Er absolvierte zwischen 1963 und 1973 für Eintracht Braunschweig 237 Bundesligaspiele und erzielte dabei 31 Tore, darunter auch das erste Braunschweiger Bundesligator am 24. August 1963 (1. Spieltag) beim 1:1-Unentschieden im Auswärtsspiel gegen den TSV 1860 München. 1967 wurde der sechsfache Nationalspieler mit der Eintracht deutscher Meister.

Insgesamt absolvierte er von 1961 bis 1973 für die Eintracht 298 Punktspiele (44 Tore). Er wurde weniger als Vollstrecker als vielmehr als Vorbereiter wichtiger Tore bekannt. Zu seinen bedeutendsten Aktionen gehörte ein Solo, mit dem er im Februar 1963 beim Stande von 0:0 in der 83. Minute des Niedersachsen-Derbys die Abwehr von Hannover 96 schwindelig spielte und den Ball schließlich zu Manfred Wuttich passte, der zum 1:0-Endstand verwandelte. Dieses Spiel war vorentscheidend dafür, dass die Eintracht Bundesliga-Gründungsmitglied wurde; Hannover 96 hatte als Konkurrent um den dritten Bundesligaplatz im Norden bis dahin gleichauf gelegen.

Außerdem spielte Gerwien für Eintracht Braunschweig zehnmal im Europacup, wobei er einen Treffer erzielte, und sechsmal in der deutschen Fußball-Nationalmannschaft, erstmals 1963 gegen Algerien, 1964 gegen Marokko, vier Einsätze 1968; sein einziges Länderspieltor gelang ihm am 14. Dezember 1968 beim 2:2 gegen Brasilien in Rio de Janeiro[3]. Des Weiteren bestritt er das am 27. November 1963 in Liverpool gegen die Auswahl Englands verlorene Länderspiel der U-23-Nationalmannschaft.

Mit Eintracht Braunschweig wurde Gerwien 1966/67 als Stammspieler Deutscher Meister. Sein damaliger Trainer Helmuth Johannsen beschrieb ihn als einen sowohl im Wettkampf und im Spiel als auch abseits des Sports sehr temperamentvollen Charakter.

Erfolge

Deutscher Meister 1966/67

Herbert „Hacki" Wimmer (* 9. November 1944 in
Eupen, Belgien) ist ein ehemaliger deutscher
Fußballspieler, der als Aktiver von Borussia
Mönchengladbach in den Jahren 1970, 1971 und 1975
bis 1977 die deutsche Meisterschaft gewonnen hat. Mit
der Elf vom Bökelberg setzte er sich auch 1973 im DFB-
Pokal und 1975 im UEFA-Cup durch. In seiner
Nationalmannschaftskarriere von 1968 bis 1976 – 36
Länderspiele mit vier Toren – gewann er 1972 das Finale
der Europameisterschaft in Brüssel und er gehörte auch
mit zwei Einsätzen dem siegreichen DFB-Team 1974
beim WM-Turnier in Deutschland an. Für Borussia
Mönchengladbach absolvierte er von 1966 bis 1978 in
der Fußball-Bundesliga 366 Spiele und erzielte dabei 51
Tore.

Mitte der 1960er-Jahre rückte Wimmer in das Blickfeld
von Bundestrainer Helmut Schön und kam so im

November 1966 zu seiner ersten DFB-Berufung, als er in der deutschen DFB-Nachwuchsauswahl im Länderspiel gegen Rumänien als Einwechselspieler debütierte. Insgesamt lief er für die U-23 bis Juni 1968 viermal auf.

Am Ende der Bundesligavorrunde 1968/69 wurde „Hacki" Wimmer von Bundestrainer Helmut Schön in das Aufgebot für das WM-Qualifikationsspiel am 23. November 1968 in Nikosia gegen Zypern berufen. Er debütierte beim 1:0-Erfolg in der Nationalmannschaft. Bundestrainer Helmut Schön hatte im Mittelfeld auf Max Lorenz, Wimmer und Spielmacher Wolfgang Overath gesetzt. Torjäger Gerd Müller erlöste mit seinem Siegtreffer in der 90. Minute den Debütanten, Mitspieler, Trainer und Fans. Im Dezember dieses Jahres gehörte er auch dem DFB-Aufgebot für die Spiele in Südamerika gegen Brasilien und Chile sowie in Mittelamerika gegen Mexiko an. Er stand im 40er-Kader für die Weltmeisterschaft 1970, fand aber keine Aufnahme in den 22er-Kreis für das WM-Turnier in Mexiko.

Als Gladbach in der Runde 1970/71 als erster Verein in der Bundesligageschichte die Meisterschaft verteidigen konnte, wurden die DFB-Verantwortlichen wieder auf den laufstarken Mittelfeldakteur mit Kombinationsgabe aufmerksam. Beim 3:0-Erfolg der Nationalmannschaft am 25. April 1971 in Istanbul gegen die Türkei im EM-Qualifikationsspiel bildete er zusammen mit seinen Gladbacher-Vereinskollegen Netzer und Köppel das spieltragende Mittelfeld der deutschen Elf. Daraus entwickelten sich seine weiteren Einsätze in den

Europameisterschaftsspielen gegen Albanien, Polen, England, im Halbfinale gegen Belgien und im 3:0 gewonnenen Endspiel am 18. Juni 1972 in Brüssel gegen die Sowjetunion. Bereits nach dem 3:1-Erfolg am 29. April in London gegen England wurde die damalige Nationalmannschaft mit Lob überschüttet. Auch international wird die Europameisterelf von 1972 als die spielerisch beste deutsche Nationalmannschaft gewürdigt. Das Mittelfeld bildeten Wimmer, Netzer und Uli Hoeneß.

Beim Gewinn der Fußballweltmeisterschaft 1974 in Deutschland wurde der „Wasserträger von Netzer" (Netzer selbst spielte aber im Gegensatz zur EM 1972 bei der WM 1974 überhaupt keine Rolle) im Gruppenspiel gegen Australien für Bernd Cullmann eingewechselt und war in der Zwischenrunde beim 2:0-Erfolg gegen Jugoslawien an der Seite von Rainer Bonhof und Wolfgang Overath im Einsatz. Auf dem Weg zum Endturnier der EM 1976 in Belgrad verhalf der Gladbacher in den zwei Viertelfinalspielen im April und Mai 1976 dem deutschen Titelverteidiger gegen Spanien zum Weiterkommen. In Belgrad war er im Halbfinale gegen den Veranstalter und im Endspiel gegen die Tschechoslowakei aktiv. Nach seinem 36. Länderspieleinsatz am 20. Juni 1976 in Belgrad gegen die Tschechoslowakei beendete „Hacki" Wimmer seine Nationalmannschaftskarriere.[7] Dass ein defensiver Mittelfeldspieler ohne Grätsche, ohne hartes Zweikampfverhalten, ohne besondere Athletik, ohne bedingungslose Zuordnung an einen auszuschaltenden Gegenspieler auskommen konnte, dagegen seine

Aufgabe mit Technik, Kombinationsvermögen, taktischer Disziplin und herausragendem Laufvermögen über Jahre auf internationalem Niveau im Dienst der Mannschaft verrichten konnte, das ist das Außergewöhnliche an dem Fußballer Herbert Wimmer. Wegen seiner Teilnahme am Gewinn der Fußballweltmeisterschaft 1974 erhielt er das Silberne Lorbeerblatt.

Erfolge

1970, 1971, 1975, 1976, 1977: Deutscher Meister

1973: DFB-Pokalsieger

1975: UEFA-Cupsieger

1972: Europameister

1974: Weltmeister

1976: Vizeeuropameister

DIE EROBERUNG DES HIMMELS ist im
Buchhandel erhältlich. Die Serie wird erweitert mit
Sammelmünzen von SHELL, ESSO, BP ...

## Schlusswort:

Ich war 9 Jahre und sammelte zu dieser Zeit schon Münzen und Medaillen. Mein Vorbild war damals mein Onkel Hans-Jürgen Hotze. Hin und wieder schenkte er mir seine doppelten Münzen und Medaillen. So kannte ich früh den Unterschied zwischen POLIERTER PLATTE und STEMPELGLANZ. Und dann kam der Tag, an dem SHELL Münzen verteilte. Alle in meiner Familie bat ich, doch bei SHELL zu tanken. Aber auf diese Art und Weise würde ich eine Sammlung niemals zusammen bekommen.

Es begann alles mit der TRAUM ELF 69. Sammler dieser damaligen Fußball-Münzen kennen das Gefühl, wenn eine versiegelte Münze geöffnet wird. Welcher Fußballspieler wird wohl darin versteckt sein? Bei mir war es GERD MÜLLER! Von nun an wusste ich, wer der Bomber der Nation war. Er hätte bei jeder Mannschaft spielen können, ich wäre ein Fan geworden. Alle wissen, er spielte bei Bayern München. Aber er hätte bei jeder Mannschaft spielen können, ich war eben Fan von Gerd Müller.

In den 1980er Jahren konnte ich Gerd Müller bei einem Gastturnier in Berchtesgaden kennenlernen. Auch ich stellte die gleiche Frage, wie sie alle stellen: „Wieso treffen Sie immer?" Müller antwortete: „Ich weiß eben auch mit geschlossenen Augen, wo das Tor steht."

Wie kommt man nun als 9-jähriger Junge an diese Münzen? Nicht weit entfernt gab es eine Tankstelle von SHELL. Der damalige Tankwart und spätere Besitzer

Onkel Hasse, Lünen, Kurt-Schumacher-Straße, schenkte mir diese erste Münze „GERD MÜLLER". Ich bettelte immer wieder... Onkel Hasse gab nach. Aber eine ganze Serie zu bekommen, das war unmöglich. Immerhin gab es 20 verschiedene Fußballspieler (was ich aber damals noch nicht wusste).

Wie gesagt, ich war 9 Jahre alt. Die Frage blieb immer noch, wie ich an weitere Münzen kam? Nun, das war damals so:

Bei Nachbarn nahm ich kleine Arbeiten an, um an Geld zu kommen. Das konnte das Einschaufeln von Kohle sein, stapeln von Briketts oder einkaufen gehen. Meinen Lohn, manchmal 50 Pfennig, ließ ich mir in 5 Pfennig-Stücken auszahlen. An der Klümpchenbude in der Nähe, gab es bereits für 1 Pfennig Esspapier und andere Schleckereien. Wer mir nun aus meinem Freundeskreis eine Münze brachte, erhielt 5 Pfennig. So kamen jede Menge SHELL Münzen zusammen. Tatsächlich sind die Sammelkarten für Fußballmünzen und Weltraummünzen voll geworden. Ich hielt meine Sammlungen damals für sehr wertvoll. Dieses Gefühl, eine original verpackte Münze zu öffnen, spüre ich noch nach über 50 Jahren.

Nach der Grundschule lernte ich dann neue Schulfreundinnen und Schulfreunde kennen. Max Raabe war eine Klasse unter mir, er sammelte aber keine Münzen. Was damals alle sammelten, waren Fußballbilder. Die Fußballbilder und die Münzen wurden in Unna Königsborn, im Bergmann Verlag hergestellt. Der Bergmann-Verlag in Unna-Königsborn produzierte in den 1960er Jahren in großer Zahl Sammelbilder und Alben zum Thema Fußball. Namensgeber und Verlagsgründer war Heinz Bergmann. Nach der Verlegung des Bergmann-Verlages um 1974 in die Schweiz erfolgte 1979 eine Kooperation mit der italienischen Panini-Gruppe in Modena.

Beim Schnibbeln mit den Fußballbildern gewann ich oft den Pott. Es kam eben auf die Wurftechnik an. Auch eine leichte Biegung der Karte war hilfreich. Nun gab es bei mir Fußballbilder für SHELL Münzen. Unendlich viele Sammelkarten kamen zusammen. Es wurde zur Sammelleidenschaft, vielleicht sogar zur Sucht. Dafür rauchte ich damals in der Raucherecke nicht, Max Raabe übrigens auch nicht. Somit hatte ich ein gesundes Hobby, Max Raabe hatte seinen Gesang und ist heute weltbekannt. Die Münzsammlungen haben mich nicht berühmt gemacht, aber SÜLTZ BÜCHER werden heute auf der ganzen Welt verkauft. Erst Recht die Compact Cassetten Bücher, aber davon in anderen Büchern mehr. Übrigens wurde die Produktion von Sammelmünzen der Serie TRAUM ELF 69 irgendwann eingestellt.

Mit MEXICO 70 ging es weiter. Aber von allen Sorten waren in den Familien der Schulfreunde noch genug vorhanden. Ob sie nun gepflegt waren oder gammelig, ich nahm sie alle. Dann wurde geputzt, geputzt, geputzt...

Zum Schluss möchte ich sagen, dass diese Sammelmünzen natürlich keinen größeren materiellen Wert haben. Es sind eher die Erinnerungen und

Emotionen aus dieser Zeit. Ich bin 9 Jahre jung gewesen, Onkel Hasse war damals Angestellter bei SHELL. Mit 19 Jahren habe ich seinen Cassettenrecorder repariert, er war da Tankstellenbesitzer. Mit 29 seinen Videorecorder und mit 39 habe ich seinen Computer eingestellt. Jetzt mit 59, und darüber, treffen wir uns mit den Hunden beim Gassigehen.

Allen Sammlern wünsche ich viel Freude beim Sammeln und Frieden auf der Erde!

## Uwe H. Sültz